Mit Oma in der Küche

Mit Oma in der Küche

Louise Fulton Keats
Rezepte von Margaret Fulton
Illustrationen von Michelle Mackintosh

Bassermann Inspiration

Inhalt

Frühstück

Leibspeisen

Zum Naschen

Abendessen

Für meine Oma
Margaret.
Wir sind so froh,
dass wir Dich
haben.

In Omas Küche ist immer was los!

Beim Kochen ist Oma wirklich ganz groß.

Sie hat viele Töpfe, Geräte, Maschinen

und ich helfe ihr dabei, sie zu bedienen.

Ein Koch braucht 'ne Mütze und einen Schneebesen
und ein gutes Buch, um Rezepte zu lesen.
Oma hat mir sogar eine Schürze genäht,
auf der groß mein Name – Lulu – drauf steht.

Lulu

Mein Bruder Harry ist zwar noch klein,
aber mein Assistent darf er schon sein.
Er geht mir zur Hand beim Kochen und Backen.
Hier hilft er mir gerade, Salat kleinzuhacken.

Frühstück

Ei im Förmchen

- 1 TL Olivenöl
- 1 Scheibe Frühstücksspeck, gewürfelt
- 1 EL fein gehackte Petersilie
- 1 Frühlingszwiebel, in Ringe geschnitten
- 2 Eier
- 1 TL Butter, plus etwas mehr zum Einfetten
- 1 Scheibe Toast, gebuttert und in Streifen geschnitten

Das Öl in einer Pfanne erhitzen und den Speck darin knusprig braten.

Zwei kleine Auflaufformen mit Butter einfetten. Speck, Kräuter und Frühlingszwiebel darauf verteilen. Die Förmchen in einen Topf stellen und so viel Wasser einfüllen, dass die Formen bis zur Mitte im Wasser stehen. In jede Form ein Ei schlagen, darauf etwas Butter geben und abgedeckt bei niedriger Hitze 5–7 Minuten kochen, bis die Eier fest werden. Mit den Toaststreifen servieren.

Für 2 Personen

Zum Frühstück gibt's Eier bei meiner Großmutter.
Sie macht sie in Förmchen mit Speck, Toast und Butter.
Die Toastscheiben schneide ich in dicke Streifen.
Dann seh'n sie schön aus und man kann sie gut greifen.

Oma, die sagt immer: „Ein Müsli gibt Kraft."
Wir weichen die Flocken ein in Apfelsaft,
und schnippeln noch Erdbeeren und Birnen hinein.
Für Teddy muss Honig auch mit hinein.

Bircher Apfelmüsli

140 g Haferflocken
¼ l Apfelsaft
1 Apfel, gerieben
80 g Natur- oder Fruchtjoghurt
6 Erdbeeren, entstielt und klein geschnitten
1 Birne, entkernt und klein geschnitten
Honig zum Servieren

Haferflocken und Apfelsaft in einer Schüssel vermengen, mit Frischhaltefolie bedecken und mindestens 1 Stunde (oder sogar über Nacht) in den Kühlschrank stellen, bis der Saft größtenteils aufgesogen wurde.

Apfel und Joghurt einrühren. Das Müsli auf drei Schüsseln verteilen, mit Erdbeeren und Birne garnieren und nach Wunsch mit etwas Honig beträufeln.

Für 3 Personen

Luftiges Omelette

3 Eier, getrennt
Salz und frisch gemahlener schwarzer Pfeffer
2 TL Mehl
125 ml Milch
20 g Butter
2 EL geriebener Gouda-Käse

Die 3 Eigelb mit einer Prise Salz und Pfeffer und dem Mehl mischen. Die 3 Eiweiß mit dem Mixer steif schlagen und vorsichtig unter die Eigelbmischung heben.

Den Grill auf mittlerer bis hoher Stufe vorheizen. Die Butter in einer beschichteten Pfanne zerlassen, die Eimischung dazugeben und auf niedriger Stufe braten, bis das Omelette fest und unten goldgelb ist. Den geriebenen Käse darüberstreuen und 2–4 Minuten unter dem Grill bräunen (das Omelette wird unter dem Grill aufgehen, aber wieder zusammenfallen, sobald es herausgenommen wird). Wenn Du magst, kannst Du das Omelette auch mit Kräutern, gebratenen Champignons oder gekochten Tomaten belegen und in der Mitte zusammenklappen.

Für 2 Personen

Omas Omelette wird sehr luftig geschlagen.
Drum liegt es auch keinem bis mittags im Magen.
Bei ihr werden Eigelb und Eiweiß getrennt.
Ich achte darauf, dass zum Schluss nichts anbrennt.

Croque Monsieur

- 4 Scheiben Vollkorntoast
- 4 Scheiben Kochschinken
- 4 Scheiben herzhafter Käse, wie Gruyère oder Emmentaler

Den Backofen auf 200 °C vorheizen.

Die Brotscheiben goldbraun toasten und mit Butter bestreichen. Eine Scheibe Brot mit Schinken, Käse, nochmal Schinken und nochmal Käse belegen und mit einer weiteren Brotscheibe bedecken. Mit den restlichen Zutaten ebenso verfahren. Ein paar Butterflocken obenauf geben und die Sandwiches im Ofen auf mittlerer Schiene 10 Minuten backen, bis der Käse schmilzt.

Zum Servieren quer in Dreiecke schneiden.

In Frankreich macht man Croque Monsieur mit Weißbrot, aber wir nehmen Vollkornbrot, weil es genauso lecker, aber viel gesünder ist.

Gibt's bei Oma das Toastbrot mit Käse vom Grill,
dann ist ausnahmsweise auch Harry ganz still.
„Croque Monsieur“ nennt man in Frankreich dieses Gericht.
Doch was das bedeutet, sagt Oma mir nicht.

Omas Pfirsich-Smoothies sind einfach die besten!
Komm Harry, lass uns das Rezept doch mal testen.
Pfirsichwürfel, Joghurt und Milch dazu:
Fertig ist der erfrischende Drink im Nu!

Pfirsich-Smoothie

2 Pfirsiche, geschält und gewürfelt
60 g Naturjoghurt
250 ml Milch
1 EL Honig
1 EL Weizenkeime (nach Belieben)
3 Eiswürfel

Alle Zutaten in einen Standmixer geben und zu einem schaumig-glatten Smoothie pürieren.

Für 2 Personen

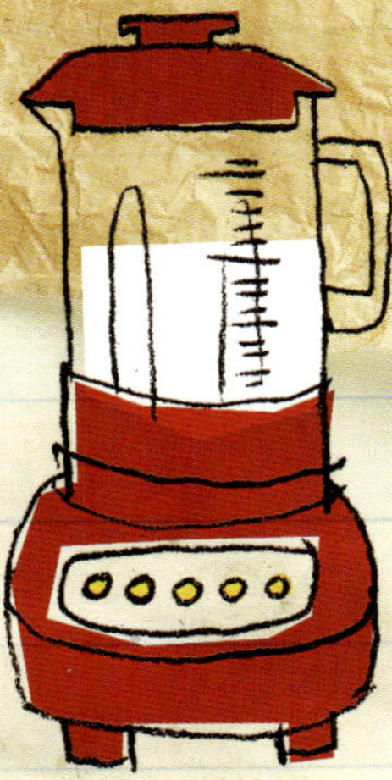

Crêpes

180 g Mehl
3 Eier
350 ml Milch
10 g Butter, zerlassen, plus etwas mehr zum Anbraten
Zucker und Zitronenspalten, zum Servieren

Das Mehl in eine Schüssel sieben. In die Mitte eine Mulde drücken und Eier und Milch hineingeben. Eier und Milch verquirlen und das Mehl portionsweise einrühren. Dann die zerlassene Butter zugeben. Den Teig abgedeckt 1–2 Stunden, oder über Nacht, ruhen lassen.

Etwas Butter in einer beschichteten Pfanne auf mittlerer Stufe zerlassen. Sobald sie Bläschen bildet, mit einer Kelle genug Teig hineingeben, um den Pfannenboden zu bedecken. Die Pfanne schwenken, damit sich der Teig gleichmäßig verteilt. Die Crêpes 1 Minute auf jeder Seite goldgelb braten. Mit Zucker und einem Spritzer Zitronensaft heiß servieren.

Ergibt etwa 12 Crêpes

Du kannst hauchdünne Crêpes oder dickere Pfannkuchen machen – je nachdem, wie viel Teig Du in die Pfanne gibst. Probier einfach beides aus!

Am Samstag, wenn wir unsre Oma besuchen,
dann backt sie uns Crêpes – dünne Pfannekuchen.
Wir streu'n schnell ganz viel Zucker in die Mitte,
doch Oma ruft streng: „Keine Schneeberge, bitte!"

Pfannküchlein

150 g Mehl	250 ml Milch
1½ TL Backpulver	40 g Butter, zerlassen, plus etwas mehr zum Anbraten
2 EL Zucker	Marmelade, zum Servieren
1 Ei	

Mehl, Backpulver und Zucker in eine Schüssel sieben. In die Mitte eine Mulde drücken und Ei, Milch und zerlassene Butter hineingeben. Alles verquirlen und die trockenen Zutaten nach und nach untermischen. Nur so lange rühren, bis ein klumpiger Teig entstanden ist.

Etwas Butter in einer beschichteten Pfanne auf mittlerer Stufe zerlassen. Sobald sie brutzelt, mehrere Löffel Teig nebeneinander in die Pfanne geben. 1 Minute braten, bis sich an der Oberfläche Bläschen bilden. Die Pfannküchlein wenden und goldgelb braten. Mit dem restlichen Teig weitere Pfannkuchen backen.

Warm oder kalt mit Butter und Marmelade servieren.

Ergibt 15 Pfannküchlein

Um Pfannküchlein mit Beeren zu machen, einfach 100 g frische oder tiefgefrorene Beeren in den Teig rühren.

Manchmal macht Oma die Pfannkuchen klein.

Das ist kein Versehen – die sollen so sein.

Harry und ich, wir dürfen die Küchlein dann wenden,

auch wenn dann ein paar auf dem Fußboden enden.

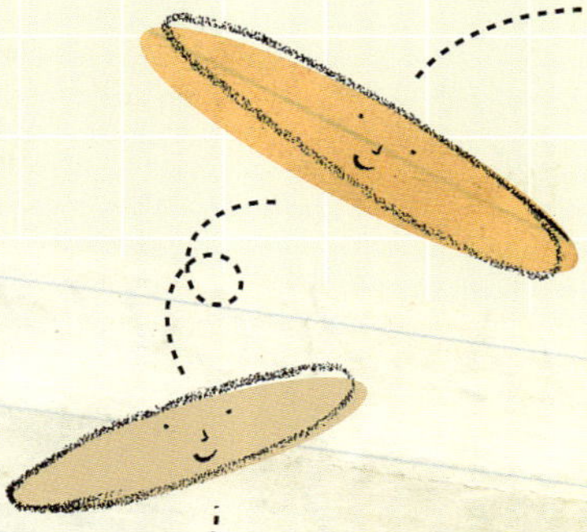

Erdbeermarmelade

500 g Erdbeeren, gewaschen und entstielt

1 EL Zitronensaft

500 g Gelierzucker (1:1)

Die Erdbeeren in kleine Stücke schneiden und mit Zitronensaft und Gelierzucker in einen großen Topf geben. Zum Kochen bringen und 4 Minuten sprudelnd kochen lassen. Die Marmelade in sterilisierte Gläser füllen und mit den Deckeln fest verschließen.

Ergibt 2 Gläser

Leib-speisen

Tomate
Basilikum

Uns're Oma, die hat einen riesigen Garten.

Da wachsen Kräuter verschiedener Arten.

Basilikumblätter, zu Pesto püriert,

die werden zu Nudeln und Käse serviert.

Penne mit Pesto

80 g Basilikumblätter
2 EL Pinienkerne oder
klein gehackte Walnüsse
50 g geriebener Parmesan
und etwas Parmesan
zum Bestreuen
2 Knoblauchzehen, gehackt
120 ml Olivenöl
500 g Penne
30 g Butter

Basilikum, Pinienkerne, Käse und Knoblauch in einem Standmixer pürieren. Das Basilikum immer wieder von den Seiten nach unten schaben. Das Öl zugießen und mixen, bis das Pesto schön cremig ist.

Die Penne nach Packungsanleitung kochen, abgießen, wieder in den Topf geben, Pesto und Butter unterrühren und bei niedriger Hitze erwärmen. Zum Servieren mit Parmesan bestreuen.

Für 4–6 Personen

Kartoffelsalat mit Kräutern

- 2 Eier
- 4 mittelgroße festkochende Kartoffeln
- Salz und frisch gemahlener Pfeffer
- 1½ EL weißer Balsamico oder Weißweinessig
- 2 EL Olivenöl
- 2 EL fein gehackte Petersilie
- 2 EL fein gehackter Schnittlauch
- 2 Frühlingszwiebeln, fein geschnitten
- 1 Selleriestange, fein geschnitten
- 75 ml Mayonnaise

Die Eier hart kochen (das dauert etwa 10 Minuten) und zum Abkühlen beiseitestellen.

Die Kartoffeln kochen, bis sie weich sind, und abkühlen lassen. Dann pellen. Jede Kartoffel in 8 Stücke schneiden, in eine große Schüssel geben und mit Salz und Pfeffer bestreuen. Essig, Öl, Kräuter, Frühlingszwiebeln und Sellerie zugeben, alles gut vermengen und einige Minuten einziehen lassen.

Die Eier schälen und vierteln. Zusammen mit der Mayonnaise in die Schüssel geben und vorsichtig unterheben. Bei Zimmertemperatur servieren.

Für 4–6 Personen

Im Garten hab ich Petersilie gepflückt.
Harry hat geholfen, was Oma entzückt.
Doch was damit kochen? Die Oma weiß Rat:
„Petersilie passt gut zu Kartoffelsalat!“

Minestrone

1 EL Olivenöl
4 Scheiben Frühstücks-
speck, gewürfelt
2 Knoblauchzehen, fein
gehackt
1 Zwiebel, fein gehackt
1 große Möhre, gewürfelt
2 Selleriestangen, gewürfelt
2 EL Tomatenmark
2 große Tomaten, gewürfelt
1,2 l Rinder- oder Gemüse-
brühe
150 g kleine Nudeln oder Makkaroni
150 g Erbsen (frisch oder Tiefkühlware)
1 Zucchini, gewürfelt
150 g grüne Bohnen, geputzt und
in kleine Stücke geschnitten
1 Dose (400 g) weiße Bohnen,
abgetropft und abgespült
30 g gehackte Petersilie
Salz und frisch gemahlener
schwarzer Pfeffer
frisch geriebener Parmesan,
zum Servieren

Das Öl in einem großen Topf erhitzen und Frühstücksspeck, Knoblauch, Zwiebel, Möhre und Sellerie 4–5 Minuten darin dünsten, bis das Gemüse weich wird. Tomatenmark und Tomaten zugeben und 1 weitere Minute mitdünsten. Die Brühe und 500 ml kaltes Wasser zugießen. Aufkochen, dann die Hitze reduzieren und mit Deckel 40 Minuten köcheln lassen. Nudeln, Erbsen, Zucchini, grüne und weiße Bohnen hinzufügen und abgedeckt 15 Minuten weiterköcheln lassen, bis die Nudeln gar sind. Die Petersilie einrühren und mit Salz und Pfeffer abschmecken.
Mit Parmesan bestreut servieren.

Für 4–6 Personen

Zucchini und Erbsen und auch grüne Bohne:

Draus wird eine Suppe, die heißt Minestrone.

Harry schält die Erbsen – er gibt sich viel Mühe.

Ich werfe sie dann in die kochende Brühe.

Pizza Margherita

300 g Mehl
1 TL Salz
1 TL Zucker
1 Päckchen (7 g) Trockenbackhefe
120 ml Olivenöl, plus etwas mehr zum Beträufeln

200 g passierte Tomaten
1 kleine Handvoll Basilikumblätter, gehackt, einige Blätter zum Garnieren nehmen
1–2 Knoblauchzehen, fein gehackt
2 große Mozzarellakugeln, in Scheiben geschnitten

Mehl, Salz, Zucker und Hefe in einer Schüssel mischen. Eine Mulde in die Mitte drücken und 200 ml lauwarmes Wasser sowie das Öl eingießen. Zu einem Teig rühren, und auf einer bemehlten Arbeitsfläche 4–5 Minuten glatt kneten. Den Teig in eine eingefettete Schüssel legen, mit einem Geschirrtuch abdecken und an einem warmen Ort 1 Stunde gehen lassen.

Den Backofen auf 220 °C vorheizen. Den Teig auf einer bemehlten Arbeitsfläche in zwei gleiche Kugeln teilen. Die Kugeln zu zwei dünnen Pizzaböden mit je 25 cm Durchmesser ausrollen und auf zwei bemehlte Backbleche heben.

Passierte Tomaten, Basilikum und Knoblauch auf den Pizzaböden verteilen, dabei rundum einen Rand von 1,5 cm lassen. Die Pizzas mit dem Mozzarella belegen, mit Olivenöl beträufeln und 15–20 Minuten backen, bis der Teig knusprig und der Käse geschmolzen ist. Mit Basilikumblättern garnieren und sofort servieren.

Ergibt 2 Pizzas

Passierte Tomaten gibt es auch in der Variante „stückig“, dann sind sie nur grob püriert.

Im Garten da wachsen auch rote Tomaten.
Die sind gut zum Backen und Kochen und Braten.
Wir machen eine Pizza, belegt mit Mozzarella.
Ich sage: „Schmeckt lecker!“ Oma sagt: „Grazie, Bella!“

Rote-Bete-Salat mit Bohnen

4 mittelgroße Rote Beten
1 EL Olivenöl
60 g gehackte Walnüsse oder Pinienkerne
300 g grüne Bohnen, geputzt und halbiert
2 EL fein gehackte Petersilie
2 EL Zitronensaft
60 ml Olivenöl
Salz und frisch gemahlener schwarzer Pfeffer
100 g Ziegenkäse oder Ricotta

Den Backofen auf 200 °C vorheizen. Die Roten Beten schälen und in je 8 Stücke schneiden. In eine Backform geben und mit Olivenöl beträufeln. 40 Minuten backen, dabei 1–2 Mal wenden, bis sie weich sind. Aus dem Ofen nehmen und beiseitestellen.

Die Nüsse in einer Pfanne bei niedriger Hitze 5 Minuten rösten, bis sie goldbraun sind. Die Bohnen 15 Minuten in einem Topf mit kochendem Wasser weich kochen, dann abgießen. Bohnen, Rote Beten, Nüsse, Petersilie, Zitronensaft und Öl in eine große Schüssel geben und vorsichtig miteinander vermengen. Mit Salz und Pfeffer abschmecken. Auf vier Teller verteilen und den Käse darüberbröseln.

Für 4 Personen

Gib vor dem Servieren noch einen Schuss Balsamicoessig oder einen Spritzer Balsamicocreme auf jede Portion. Einfach köstlich!

Wir buddeln Rote Bete aus dem Gemüsebeet.

Dann schälen wir sie – Oma zeigt uns, wie's geht.

Während die Rote Bete noch im Ofen steckt,

hat Harry ganz alleine den Tisch schon gedeckt.

Bratreis kinderleicht

200 g Langkornreis
1 EL Pflanzenöl
12 Riesengarnelen, ausgelöst
2 Scheiben Frühstücksspeck, gewürfelt
1 Möhre, gerieben
150 g Mais-Erbsen-Mix (Dose oder Tiefkühlware)
2 Frühlingszwiebeln, in dünne Ringe geschnitten
2 Eier, leicht verquirlt
2 EL Sojasauce
40 g Korianderblätter

Den Reis nach Packungsanleitung kochen, abgießen und beiseitestellen.

Das Öl in einer Pfanne oder in einem Wok auf mittlerer Stufe erhitzen. Die Garnelen unter Rühren 2 Minuten braten, bis sie rosa sind. Den Frühstücksspeck hinzugeben und 2 Minuten mitbraten. Möhren, Mais, Erbsen und Frühlingszwiebeln in die Pfanne geben und weitere 3 Minuten braten. Die Eier zufügen und 1 Minute braten, bis sie gestockt sind. Den Reis dazugeben und unter Rühren 3–4 Minuten braten. Die Sojasauce und den Koriander unterrühren und sofort servieren.

Für 4 Personen

Dieses Reisgericht kann ich schon ganz allein.

Oma muss dafür nicht mal in der Küche sein.

Nur leider komm ich an den Reis nicht heran.

Doch dann hilft mir Harry, so gut er nur kann.

Kräuterhähnchen-Sandwiches

1 Hähnchenbrustfilet
50 g Mayonnaise
1 EL fein gehackter Schnittlauch oder fein gehackte Petersilie
6 Scheiben Vollkorntoast

Das Filet in einen Topf geben und mit Wasser bedecken. Aufkochen, die Hitze reduzieren und 12–15 Minuten köcheln lassen, bis es gar ist. Herausnehmen und beiseitestellen.

Das abgekühlte Hähnchenfleisch auseinanderzupfen oder in Würfel schneiden und zusammen mit der Mayonnaise und den Kräutern in eine Schüssel geben. Alles gut vermengen. Die Hähnchenmischung gleichmäßig auf 3 Scheiben Toast verteilen. Dann je mit einer weiteren Toastscheibe belegen. Die Sandwiches zum Servieren halbieren.

Ergibt 3 Sandwiches

Es ist Wochenende – da haben wir frei.
Oma bereitet ein Picknick für Drei.
Wir spielen und lachen, dann essen wir Huhn.
Es wäre schön, dies täglich zu tun.

Frische Limonade

- 90 g brauner Zucker
- 80 ml Zitronensaft
- Minzeblätter und Eiswürfel, zum Servieren

Zucker, Zitronensaft und 1 l Wasser in einen Topf geben. Auf mittlerer Stufe 3–4 Minuten erhitzen und gelegentlich umrühren, bis der Zucker sich aufgelöst hat. Aufkochen, dann die Hitze reduzieren und 6–8 Minuten köcheln lassen. Vom Herd nehmen, kurz abkühlen lassen, dann in den Kühlschrank stellen, bis die Limonade schön kalt ist. Mit Minzeblättern und Eiswürfeln servieren.

Ergibt 5 Gläser

Zum
Naschen

Haferflocken-Rosinen-Kekse

- 125 g weiche Butter
- 100 g brauner Zucker
- 2 EL Milch
- 2 Eier
- 150 g Mehl
- 1½ TL Backpulver
- ¼ TL Zimt
- 200 g Haferflocken
- 90 g Rosinen

Zum Nachmittagstee sind wir hungrig erschienen.
Zum Glück gibt es Kekse mit Zimt und Rosinen.
Danach zeigt uns Oma, wie man diese macht.
Das geht wirklich leicht – hätt' ich gar nicht gedacht.

Die Butter mit einem Mixer cremig schlagen. Den Zucker zugeben und alles schaumig rühren. Milch und Eier hinzufügen und sorgfältig mixen. Mehl, Backpulver und Zimt dazusieben und vorsichtig unterkneten. Dann die Haferflocken und Rosinen einrühren. Den Teig am besten 2 Stunden in den Kühlschrank stellen, denn kalt lässt er sich besser verarbeiten.

Den Backofen auf 180 °C vorheizen. Mit einem Esslöffel etwas Teig abstechen und zur Kugel rollen. Die Kugeln im Abstand von 5 cm auf ein gefettetes Backblech legen und mit einer nassen Gabel flachdrücken. 15 Minuten backen, bis sie goldgelb sind, aus dem Ofen nehmen und auf einem Kuchengitter abkühlen lassen.

Ergibt etwa 28 Kekse

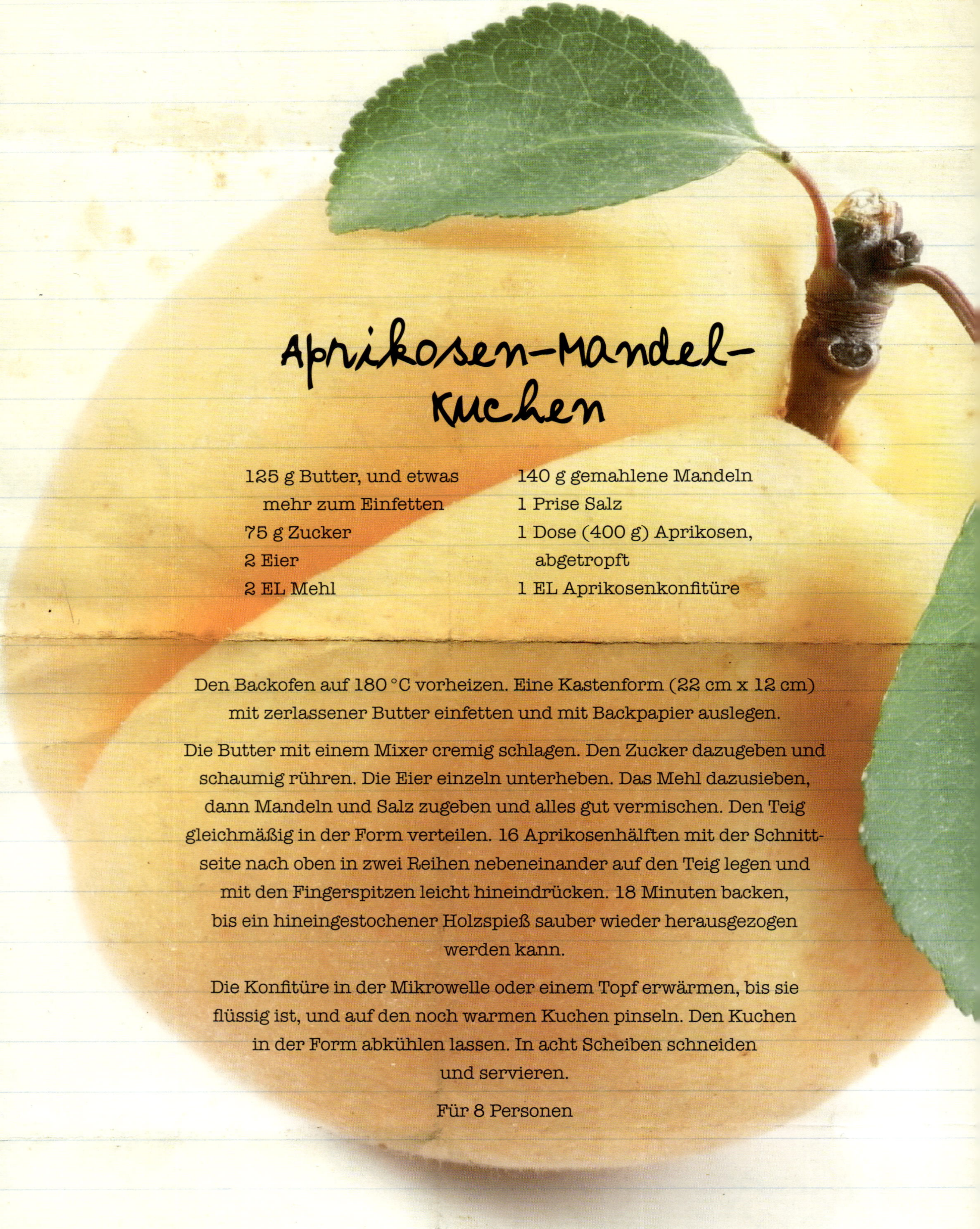

Aprikosen-Mandel-Kuchen

125 g Butter, und etwas mehr zum Einfetten
75 g Zucker
2 Eier
2 EL Mehl
140 g gemahlene Mandeln
1 Prise Salz
1 Dose (400 g) Aprikosen, abgetropft
1 EL Aprikosenkonfitüre

Den Backofen auf 180 °C vorheizen. Eine Kastenform (22 cm x 12 cm) mit zerlassener Butter einfetten und mit Backpapier auslegen.

Die Butter mit einem Mixer cremig schlagen. Den Zucker dazugeben und schaumig rühren. Die Eier einzeln unterheben. Das Mehl dazusieben, dann Mandeln und Salz zugeben und alles gut vermischen. Den Teig gleichmäßig in der Form verteilen. 16 Aprikosenhälften mit der Schnittseite nach oben in zwei Reihen nebeneinander auf den Teig legen und mit den Fingerspitzen leicht hineindrücken. 18 Minuten backen, bis ein hineingestochener Holzspieß sauber wieder herausgezogen werden kann.

Die Konfitüre in der Mikrowelle oder einem Topf erwärmen, bis sie flüssig ist, und auf den noch warmen Kuchen pinseln. Den Kuchen in der Form abkühlen lassen. In acht Scheiben schneiden und servieren.

Für 8 Personen

Als Nächstes backt Oma Kuchen mit Aprikosen.
Wir nehmen keine frischen, sondern welche aus Dosen.
Esslöffel, Gramm – ich darf wiegen und messen,
nur die Prise Salz hätte ich fast vergessen.

Heut' kommt eine Freundin von Oma zum Tee.
Dafür machen wir jetzt ein Erdbeerbaiser.
Zuerst wird das Eiweiß mit Zucker geschlagen.
Wenn Du noch mehr wissen willst, musst Du nur fragen.

Fruchtige Baiser-Torte

4 Eiweiße	einige Tropfen Vanillearoma
220 g Zucker	300 g Sahne, geschlagen
1 TL Weißweinessig	250 g halbierte Erdbeeren (oder anderes Obst)

Den Backofen auf 200 °C vorheizen. Ein Stück Backpapier auf ein Backblech legen und darauf mit Bleistift einen Kreis mit 20 cm Durchmesser zeichnen.

Mit dem Mixer die 4 Eiweiß auf hoher Stufe steif schlagen. Weiterschlagen und langsam löffelweise den Zucker zugeben. Dann Essig und Vanillearoma unterheben. Die Mischung auf das Backpapier in den Kreis löffeln und die Oberfläche vorsichtig glatt streichen.

Die Ofentemperatur auf 150 °C reduzieren und die Torte 1 Stunde backen. Wenn sie zu schnell braun wird, die Temperatur nochmals reduzieren (aber möglichst nicht die Ofentür öffnen). Nach Ende der Backzeit den Ofen ausstellen und die Torte mit leicht geöffneter Tür im Ofen abkühlen lassen. Anschließend auf eine Kuchenplatte schieben. Es ist nicht schlimm, wenn die Torte etwas einfällt. Vor dem Servieren Sahne und Früchte auf die Torte löffeln.

Ergibt 8–10 Stücke

Wir wollen an einem Wettbewerb teilnehmen.
Mit Oma im Team brauchen wir uns nicht zu schämen.
Wir backen Bananenkuchen, er ist noch ganz heiß.
Dafür gewinnen wir natürlich den ersten Preis!

Bananenkuchen

125 g Butter, plus etwas mehr zum Einfetten
170 g Zucker
einige Tropfen Vanillearoma
2 Eier
2 reife Bananen, zerdrückt
60 g gehackte Walnüsse (nach Belieben)
225 g Mehl
2 TL Backpulver
¼ TL Natron
125 ml Milch

Zitronenglasur
60 g Frischkäse
25 g Butter
1 TL fein geriebene Zitronenschale
100 g Puderzucker

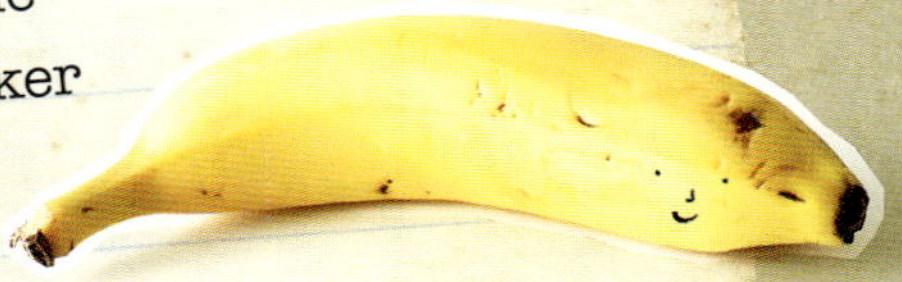

Den Backofen auf 180 °C vorheizen. Eine Springform mit 20 cm Durchmesser fetten und mit Backpapier auslegen.

Die Butter mit einem Mixer cremig schlagen, dann Zucker und Vanillearoma einrühren. Die Eier einzeln dazuschlagen. Bananen und Walnüsse (falls verwendet) unterheben, dann Mehl und Backpulver in die Schüssel sieben und vorsichtig mischen. Das Natron in Milch auflösen und ebenfalls dazugeben. Den Teig gleichmäßig in der Backform verteilen. 50 Minuten backen, bis ein hineingestochener Holzspieß sauber wieder herausgezogen werden kann. Den Kuchen 10 Minuten in der Form abkühlen lassen, dann auf ein Kuchengitter heben.

Für die Glasur Frischkäse, Butter und Zitronenschale schaumig schlagen. Den Puderzucker einrühren, die Glasur auf dem Kuchen verstreichen und servieren.

Ergibt 8 Stücke

Blaubeermuffins

300 g Mehl	4 EL Pflanzenöl
3 TL Backpulver	1 Ei, leicht verquirlt
130 g brauner Zucker	500 g Blaubeeren (frisch oder tiefgefroren)
250 ml Buttermilch	

Heut' eröffne ich endlich mein eignes Café.

Dort serviere ich Harry und Teddy den Tee.

Unsre Blaubeermuffins sind wirklich der Hit.

Wer nicht zahlen kann, hilft beim Abwasch gleich mit.

Den Backofen auf 190 °C vorheizen. Eine Muffinform mit 12 Mulden mit Papierförmchen auslegen.

Mehl und Backpulver in eine große Schüssel sieben und den Zucker dazurühren. In die Mitte eine Mulde drücken und Buttermilch, Öl und Ei hineingeben. Alles vorsichtig miteinander vermengen (nicht zu stark rühren), dann die Blaubeeren unterheben.

Den Teig auf die Papierförmchen verteilen und 25 Minuten backen. Zur Garprobe einen Holzspieß in die Mitte eines Muffins stechen. Wenn beim Herausziehen kein Teig daran haftet, sind die Muffins gar. 5 Minuten in der Form abkühlen lassen, dann auf ein Kuchengitter setzen. Warm oder abgekühlt servieren.

Ergibt 12 Muffins

Die Vanilletörtchen sind Backgenuss pur
wegen ihrer tollen Maracuja-Glasur.
Beim Backen, da hilft Oma mir ja zum Glück.
Wir mixen und rühren und machen zwölf Stück.

Vanilletörtchen mit Maracuja-Glasur

125 g Butter
160 g Zucker
einige Tropfen
Vanillearoma
2 Eier
300 g Mehl
3 TL Backpulver
180 ml Milch

Maracuja-Glasur
110 g Puderzucker
1½ EL Maracuja-Fruchtfleisch oder Maracuja-Mark

Den Backofen auf 190 °C vorheizen. Eine Muffinform mit 12 Mulden mit Papierförmchen auslegen.

Butter, Zucker und Vanillearoma mit einem Mixer zu einer cremigen Masse schlagen. Nach und nach die Eier zufügen. Die Hälfte des Mehls unterrühren. Dann die Hälfte der Milch dazumischen. Restliches Mehl und Milch beimengen. Den Teig auf die Papierförmchen verteilen und 15–20 Minuten backen, bis ein hineingestochener Holzspieß sauber wieder herausgezogen werden kann. 5 Minuten in der Form abkühlen lassen, dann auf ein Kuchengitter setzen.

Für die Glasur den Puderzucker in eine Schüssel sieben und das Maracuja-Fruchtfleisch zugeben. Zu einer glatten, glänzenden Fruchtsauce verrühren. Bei Bedarf etwas mehr Maracuja hinzufügen. Auf den Törtchen verstreichen (die ruhig noch warm sein können – dann lässt sich die Glasur sogar noch besser verstreichen). Die Glasur fest werden lassen und servieren.

Ergibt 12 Törtchen

Wir stellen uns vor, Oma wäre die Queen.
Harry jubelt ihr zu, während ich sie bedien'.
Eine Königliche Hoheit isst keine Reste,
sondern Scones mit Konfitüre – von allem das Beste.

Scones

450 g Mehl
1 Tütchen Backpulver
1 TL Salz
60 g Butter, gewürfelt
300 ml Milch oder Buttermilch
Konfitüre und Schlagsahne, zum Servieren
etwas Butter, zum Einfetten

Den Backofen auf 230 °C vorheizen. Ein Backblech einfetten.

Mehl, Backpulver und Salz in eine Schüssel sieben. Die Butter zugeben und rühren, bis eine krümmelige Mischung entsteht. In die Mitte eine Mulde drücken, die Milch hineingießen und mit den anderen Zutaten vermengen. Den Teig zu einer Kugel formen, auf eine bemehlte Arbeitsfläche legen und kneten. Etwa 2 cm dick ausrollen und 10 Kreise von 5 cm Durchmesser ausstechen.

Die Teigkreise auf dem Backblech verteilen. 10–15 Minuten backen, bis sie goldgelb und schön aufgegangen sind. Warm mit Konfitüre und Schlagsahne servieren.

Ergibt etwa 10 Scones

Abend-
essen

Zum Abendbrot gibt es Spaghetti Bolognese.
Das ess ich am liebsten mit ganz ganz viel Käse.
Ich versuche, die Nudeln auf die Gabel zu rollen,
doch die bleiben nicht drauf und machen, was sie wollen.

Spaghetti Bolognese

2 EL Olivenöl
1 kleine Zwiebel, fein gehackt
1 Möhre, gewürfelt
1 Selleriestange, gewürfelt
1 Scheibe Frühstücksspeck, gewürfelt
1 Knoblauchzehe, zerdrückt
500 g Rinderhack
250 ml Rinderbrühe
250 ml passierte Tomaten
Salz und frisch gemahlener schwarzer Pfeffer
500 g Spaghetti
frisch geriebener Parmesan, zum Servieren

Das Öl in einem großen Topf auf niedriger bis mittlerer Stufe erhitzen. Zwiebel, Möhre, Sellerie, Frühstücksspeck und Knoblauch zugeben und 6-7 Minuten dünsten, bis die Zwiebel weich ist. Auf mittlere bis hohe Stufe erhöhen und das Hackfleisch 3–4 Minuten unter Rühren braten, bis es anfängt, braun zu werden. Brühe und Tomaten zugießen und aufkochen. Die Hitze reduzieren und ohne Deckel unter gelegentlichem Rühren 45 Minuten köcheln lassen, bis die Sauce auf die gewünschte Dicke eingekocht ist. Mit Salz und Pfeffer abschmecken.

Die Nudeln nach Packungsanleitung gar kochen. Abgießen und auf vier Teller verteilen. Die Sauce darübergeben und mit Parmesan bestreut servieren.

Für 4 Personen

Makkaroni sind Nudeln – das weiß jeder Koch,
nur dicker als Spaghetti und mit einem Loch.
Wir backen sie mit Käse im Ofen goldbraun.
Oma weiß, wie das geht – Ihr könnt ihr vertrau'n.

Nudelauflauf

300 g Makkaroni
40 g frische Semmelbrösel
½ EL Olivenöl
40 g Butter
3 EL Mehl
750 ml Milch
100 g gekochter Schinken, gewürfelt
125 g frisch geriebener Emmentaler oder Gouda
100 g frisch geriebener Parmesan
150 g Tiefkühl-Erbsen

Den Backofen auf 190 °C vorheizen. Eine Auflaufform (2 Liter Inhalt) einfetten.

Die Makkaroni nach Packungsanleitung kochen. Dann abgießen und beiseitestellen.

Die Semmelbrösel bei geringer Hitze mit dem Öl in einer Pfanne schwenken, bis sie goldgelb sind. Dann beiseitestellen.

Die Butter auf niedriger bis mittlerer Stufe in einem Topf zerlassen. Das Mehl einrühren und 1 Minute rühren. Langsam die Milch zugießen und rühren, bis die Sauce eindickt. Vorsichtig Schinken, beide Käsesorten, Erbsen und Nudeln unterheben, dann alles in die Auflaufform füllen. Mit den Semmelbröseln bestreuen und 15–20 Minuten backen, bis der Auflauf oben goldbraun ist. Sofort servieren.

Für 4 Personen

Heute gibt es was Tolles und zwar eine Quiche.
Die ist lecker und knusprig und sehr französisch.
„Möchtest Du noch ein Stück?“ – „Aber klar doch, oui oui.“
Vielen Dank, liebe Oma. Wir sagen „merci“.

Zwiebel-Speck-Quiche

- 1 Packung Mürbeteig
- 1 TL Olivenöl
- 1 Zwiebel, fein gehackt
- 3 Scheiben Frühstücksspeck, gewürfelt
- 100 g frisch geriebener Emmentaler oder Gouda
- 3 Eier
- 1 TL Mehl
- 1 Prise Muskatnuss
- 300 ml Sahne
- 125 ml Milch

Den Backofen auf 200 °C vorheizen. Den Teig so ausrollen, dass er in eine Quicheform mit 24 cm Durchmesser passt. Den Teig vorsichtig in die Form drücken, überstehenden Teig abschneiden, und den Boden mit einer Gabel mehrfach einstechen. Backpapier über den Teig legen, die Form zur Hälfte mit getrockneten Hülsenfrüchten füllen und 10 Minuten backen. Hülsenfrüchte und Backpapier entfernen und den Teig weitere 5–10 Minuten backen, bis er goldbraun ist. Zum Abkühlen beiseitestellen.

Die Ofentemperatur auf 180 °C senken. Das Öl in einer Pfanne erhitzen. Zwiebel und Speck darin bei mittlerer Hitze 3–4 Minuten braten, bis die Zwiebel weich ist, dann auf dem Teigboden verteilen.

Käse, Eier, Mehl, Muskatnuss, Sahne und Milch vorsichtig verrühren und über die Speck-Zwiebel-Mischung gießen. 35 Minuten backen, bis die Masse fest ist. Warm servieren.

Für 4–6 Personen

Brauchst Du zwischendurch einen leckeren Snack?
Dann empfehle ich Dir dieses Käsegebäck.
Die Blätterteigstreifen, die werden gedreht
und knusprig gebacken, wie es rechts im Text steht.

Käsestangen

- 2 Scheiben TK-Blätterteig (24 cm x 24 cm), angetaut
- 1 Ei, leicht verquirlt
- 50 g fein geriebener Parmesan
- 60 g fein geriebener Emmentaler oder Gouda

Den Backofen auf 200 °C vorheizen. Ein Backblech mit Backpapier auslegen.

1 Blätterteigstück auf der Arbeitsfläche ausbreiten. Mit Ei bestreichen und gleichmäßig mit Käse bestreuen. Mit dem anderen Blätterteigstück belegen, zusammendrücken und in 2 cm breite Streifen schneiden.

Die Streifen je 4–5 Mal verdrehen, auf das Backblech legen und die Enden fest andrücken, damit sie sich nicht aufrollen. 12 Minuten backen, bis sie goldbraun sind. Auf einem Kuchengitter abkühlen lassen.

Ergibt 12 Stück

Die allerbeste Kürbissuppe

30 g Butter
1 Zwiebel, gehackt
2 Knoblauchzehen, gehackt
3 Scheiben Frühstücksspeck (nach Belieben), gewürfelt
½ TL gemahlener Kreuzkümmel
½ TL gemahlene Muskatnuss
1 kg Kürbisfleisch, gewürfelt
1 l Hühnerbrühe
100 g Sahne
Salz und frisch gemahlener schwarzer Pfeffer
2 EL frisch gehackter Schnittlauch (oder Petersilie oder Koriander)

Die Butter auf mittlerer Stufe in einem Topf zerlassen und Zwiebel, Knoblauch und Speck darin 3–4 Minuten braten, bis die Zwiebel weich ist. Kreuzkümmel und Muskatnuss zugeben und 1 Minute braten. Kürbis und Brühe hinzufügen, aufkochen, die Hitze reduzieren und abgedeckt 20 Minuten köcheln lassen, bis der Kürbis weich ist.

Etwas abkühlen lassen, dann mit einem Stabmixer pürieren. Die Sahne einrühren, bei niedriger Hitze erwärmen und salzen und pfeffern. Auf Suppenteller verteilen und mit Kräutern garniert servieren.

Für 4–6 Personen

Noch lieber als ein Grusel-Kürbis-Gesicht
mag ich aus Kürbisfleisch dieses Suppengericht.
Besonders gut passt dazu frisches Baguette.
Danach sind wir satt und gehn müde ins Bett.

Dieses köstliche knusprige Huhn ist nicht ohne,
gefüllt mit Petersilie, Sellerie und Zitrone.
Sind noch Zitronen übrig, ist das gar nicht schade.
Oma macht daraus nämlich Zitronenlimonade.

Brathähnchen mit Zitronen-Kräuter-Füllung

Kräuterfüllung
120 g frische Semmelbrösel
1 Selleriestange, fein gewürfelt
2 Frühlingszwiebeln, klein geschnitten
1 Bund gehackte Petersilie
fein abgeriebene Schale von 1 Zitrone
1 Ei, leicht verquirlt
30 g Butter, zerlassen

Hähnchen
1 küchenfertiges Hähnchen (1,8 kg)
Salz und frisch gemahlener schwarzer Pfeffer
1 EL Butter, zerlassen
6 mittelgroße bis große festkochende Kartoffeln
2 EL Olivenöl

Den Backofen auf 180 °C vorheizen. Die Zutaten für die Füllung in einer Schüssel vermengen. Das Hähnchen innen und außen mit Wasser abspülen und mit Küchenpapier trocken tupfen. Die Füllung hineingeben und die Keulen mit Schnur zusammenbinden.

Das Hähnchen mit der Brustseite nach oben in einen Bräter oder ein tiefes Backblech legen. Mit Salz und Pfeffer bestreuen und mit der Butter bestreichen. Auf der mittleren Schiene in den Ofen schieben und 80–90 Minuten braten, bis es gar ist. Nach der Hälfte der Garzeit mit dem Bratensaft bestreichen. Wenn nicht genug vorhanden ist, etwas Wasser zufügen. Zur Garprobe das Hähnchen an der dicksten Stelle einstechen. Der austretende Saft sollte klar sein, nicht rot oder rosa.

Sobald das Hähnchen im Ofen ist, die Kartoffeln schälen und vierteln. Mit Küchenpapier trocken tupfen und zum Hähnchen in den Bräter legen. Mit Öl beträufeln und 45 Minuten mit dem Hähnchen zusammen backen, bis sie weich und goldbraun sind.

Das Hähnchen aus dem Ofen nehmen, mit Alufolie abdecken und 10 Minuten ruhen lassen. Dann tranchieren und mit Füllung, Kartoffeln und Gemüsebeilage nach Wahl servieren.

Für 4 Personen

Schokokuchen mit Vanilleeis

150 g Mehl
1½ TL Backpulver
3 EL Kakaopulver
80 g weißer Zucker
125 ml Milch
100 g Butter, zerlassen
2 Eier, leicht verquirlt
einige Tropfen Vanillearoma
125 g brauner Zucker
500 ml kochendes Wasser
Vanilleeis, zum Servieren

Den Backofen auf 180 °C vorheizen und eine Auflaufform mit hohem Rand (Souffléform; 1,5 Liter Inhalt) einfetten.

Mehl, Backpulver und 2 EL Kakao in eine Schüssel sieben, weißen Zucker dazurühren. Milch, zerlassene Butter, Eier und Vanillearoma in einer weiteren Schüssel vermischen. In die Mehlmischung eine Mulde drücken, die Milchmischung langsam hineingießen, und alles nur ein wenig verrühren. Den Teig in die Form gießen und glatt streichen. Kakaopulver und braunen Zucker gleichmäßig darauf verteilen und vorsichtig mit kochendem Wasser begießen.

35–40 Minuten im Ofen backen, bis der Kuchen gar ist und ein in die Mitte gestochener Holzspieß sauber wieder herausgezogen werden kann. Heiß mit Vanilleeis servieren.

Für 4–6 Personen

Dieser Nachtisch, der haut Dich bestimmt von den Socken.
Schokokuchen mit Eis ist einfach nicht zu toppen!
1, 2, 3 Sekunden – die Schüssel ist leer.
Harry leckt sich die Finger und Teddy will mehr.

Es macht Riesenspaß, Oma zu assistieren
und dabei all das, was sie kocht, zu probieren.
Wir rollen zusammen das Nudelholz.
Auf meine tolle Oma bin ich wirklich stolz.

Küchengeräte

Auflaufform

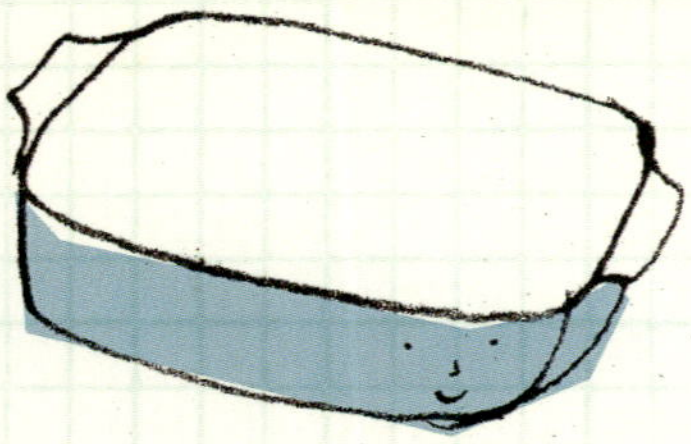

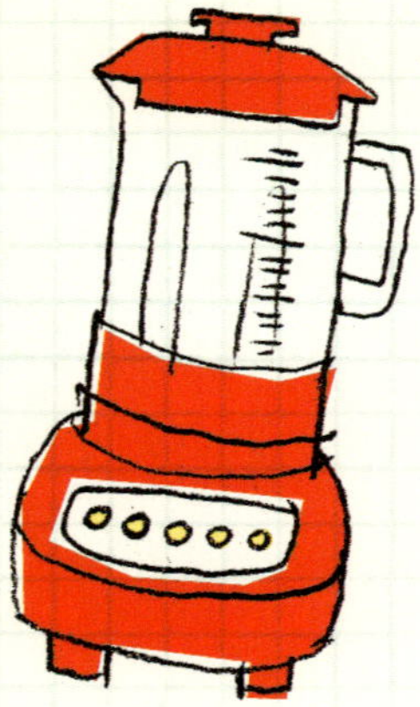

Standmixer

Tablett

Springform

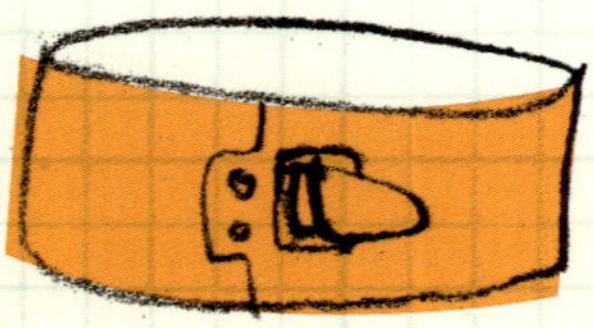

Elektrischer Mixer

Schneidebrett

Kastenform

Küchenmaschine

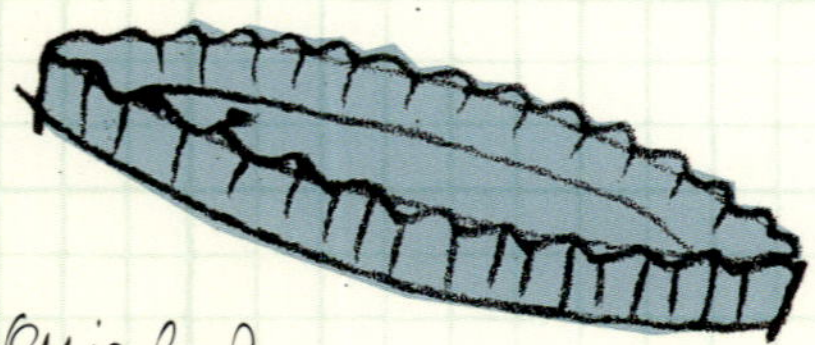

Quicheform

Reibe

Pfanne

Krug
Messbecher
Messlöffel
Muffinform
Förmchen
Bräter
Topf
Sieb
Spieße
Palettenmesser
Schneebesen
Wok

Danksagungen

Für meine geliebte Großmutter Margaret, die mich zu diesem Buch inspirierte. Danke, dass du deine Leidenschaft für gutes Essen mit mir geteilt hast. Du hast unser Leben auf außergewöhnliche Weise beeinflusst.

Für meinen wunderbaren Mann John, dessen Unterstützung keine Grenzen kennt. Du bedeutest mir alles.

Für meine Schwester Kate, die sich Omas Küche mit mir teilte. Eine große Schwester ist sicherlich das größte Geschenk für ein kleines Mädchen, und meine ist die allerbeste.

Für meine Mutter Suzanne, eine der besten Food-Autoren Australiens. Danke, dass die Familie für dich immer an erster Stelle kam. Ohne dich wären wir alle verloren.

Für meinen Vater Robert, einen hervorragenden Koch. Danke für deine nie endende Güte und Großzügigkeit. Dein uneingeschränkter Glaube an mich hat mir mehr bedeutet, als du dir vorstellen kannst.

Mein besonderer Dank geht an die schlaue Michelle Mackintosh. Deine fantastischen Illustrationen und die tolle Buchgestaltung haben meine Erwartungen übertroffen. Du hast Oma, Lulu und Harry zum Leben erweckt.

Und schließlich ein dickes Dankeschön an das ganze Team bei Hardie Grant für diese wunderbare Chance. Dank an Helen Chamberlin für ihr hervorragendes Schlusskorrektorat. Und vor allem Dank an meinen Verleger Paul NcNally und meine Lektorin Jane Winning für ihren Enthusiasmus, ihre Geduld und ihre guten Ratschläge. Wir haben es geschafft!

ISBN 978-3-572-08151-6

1. Auflage

First published in 2011 by Hardie Grant Books
Unter dem Titel „My Grandma's Kitchen"

Hardie Grant Books (Australia)
Ground Floor, Building 1
658 Church Street
Richmond, Victoria 3121
www.hardiegrant.com.au

Hardie Grant Books (UK)
Dudley House, North Suite
34–35 Southampton Street
London WC2E 7HF
www.hardiegrant.co.uk

Umschlaggestaltung: Atelier Versen, Bad Aibling
Layout und Illustrationen: Michelle Mackintosh
Realisation der deutschen Ausgabe:
trans texas publishing services GmbH, Köln
Übersetzung: Ronit Jariv, Köln
Herstellung: Elke Cramer
Projektleitung: Anja Halveland

Satz: trans texas publishing services GmbH, Köln
Druck: Těšínská tiskárna, Český Těšín

Printed in the Czech Republic

MIX
Papier aus verantwortungsvollen Quellen
FSC® C005833

Verlagsgruppe Random House FSC® N001967

Das für dieses Buch verwendete FSC®-zertifizierte Papier *Profimatt* wurde produziert von Sappi Ehingen.